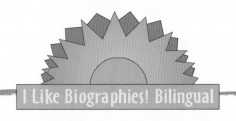

I Like Biographies! Bilingual

Lee sobre
Abraham Lincoln
Read About Abraham Lincoln

Stephen Feinstein

Enslow Elementary
an imprint of
Enslow Publishers, Inc.

40 Industrial Road   PO Box 38
Box 398   Aldershot
Berkeley Heights, NJ 07922   Hants GU12 6BP
USA   UK

http://www.enslow.com

Words to Know

Palabras a conocer

Civil War—The war between the Northern and Southern states of the United States from 1861 to 1865.

log cabin—A small house made of logs.

slave—A person who works for someone else against their will. Slaves have no freedom.

lawyer—Someone who knows all about the law and goes to court to argue cases before a judge.

la Guerra Civil—La guerra entre los estados del Norte y del Sur de los Estados Unidos desde 1861 a 1865.

la cabaña de troncos—Una casa pequeña hecha con troncos de madera.

el esclavo—Una persona que trabaja para otra contra su propia voluntad. Los esclavos no tienen libertad.

el abogado—Alguien que conoce todo sobre las leyes y que va a los tribunales para presentar casos frente a un juez.

Enslow Elementary, an imprint of Enslow Publishers, Inc. Enslow Elementary ® is a registered trademark of Enslow Publishers, Inc.

Bilingual edition copyright © 2006 by Enslow Publishers, Inc. Originally published in English under the title *Read About Abraham Lincoln* © 2004 by Enslow Publishers, Inc. Bilingual edition translated by Romina C. Cinquemani, edited by Susana C. Schultz, of Strictly Spanish, LLC.

Library of Congress Cataloging-in-Publication Data

Feinstein, Stephen.
    [Read about Abraham Lincoln. Spanish & English]
    Lee sobre Abraham Lincoln = Read about Abraham Lincoln / Stephen Feinstein.— Bilingual ed.
      p. cm. — (I like biographies! bilingual)
    Includes bibliographical references and index.
    ISBN 0-7660-2672-8
    1. Lincoln, Abraham, 1809-1865—Juvenile literature.
2. Presidents—United States—Biography—Juvenile literature.
I. Title: Read about Abraham Lincoln. II. Title. III. Series.
    E457.905.F4518 2006
    973.7'092—dc22
         2005020382

Printed in the United States of America

10 9 8 7 6 5 4 3 2 1

To Our Readers: We have done our best to make sure all Internet addresses in this book were active and appropriate when we went to press. However, the author and the publishers have no control over and assume no liability for the material available on those Internet sites or on other Web sites they may link to. Any comments or suggestions can be sent by e-mail to comments@enslow.com or to the address on the back cover.

Every effort has been made to locate all copyright holders of material used in this book. If any errors or omissions have occurred, corrections will be made in future editions of this book.

Illustration Credits: All photos are from the Library of Congress, except for the following: Corel Corp., p. 21; Enslow Publishers, Inc., p. 19; Painet, Inc., p. 5.

Cover Illustration: Library of Congress

Contents/Contenido

1

Growing Up in a Log Cabin

Abraham Lincoln was born on February 12, 1809, in Kentucky. His family lived in a log cabin. When Abraham was six, he and his sister Sarah went to school. They had to walk two miles each way.

Crecer en una cabaña de troncos

Abraham Lincoln nació el 12 de febrero de 1809 en Kentucky. Su familia vivía en una cabaña de troncos. Cuando Abraham tenía seis años, él y su hermana Sarah iban a la escuela. Ellos tenían que caminar dos millas para ir y dos millas para regresar de la escuela.

This is the log cabin that Abraham Lincoln was born in.

Ésta es la cabaña de troncos en la que nació Abraham Lincoln.

The school had only one room. Children from every grade were taught in the same room. Abraham learned to read and write a few words.

The next year the family moved to a new farm in Indiana. There, Abraham helped his father build a log cabin. The nearest town was many miles away.

La escuela tenía un solo salón. Los niños de todos los grados aprendían en el mismo salón. Abraham aprendió a leer y a escribir algunas palabras.

Al año siguiente la familia se mudó a una nueva granja en Indiana. Allí, Abraham ayudó a su padre a construir una cabaña de troncos. El pueblo más cercano estaba a muchas millas de allí.

In Indiana, the school was too far away, so Abraham taught himself to read.

En Indiana, la escuela estaba demasiado lejos, y Abraham aprendió a leer por sí mismo.

2
Hard Work for Abraham

Abraham was good with an axe. He worked for farmers, cutting down trees and splitting logs. Abraham always carried a book with him, even when he worked in the fields. He read all kinds of books. He liked law books best of all.

Trabajo duro para Abraham

Abraham era bueno con el hacha. Él hacía trabajo para algunos granjeros, como talar árboles y cortar troncos. Abraham siempre llevaba un libro con él, incluso cuando trabajaba en los campos. Él leía libros de todo tipo. A él le gustaban, sobre todo, los libros de leyes.

Abraham was strong. He worked hard cutting
down trees and splitting them into logs.

Abraham era fuerte. Él trabajaba duro cortando
árboles y haciendo troncos.

When he was nineteen, Abraham worked on a riverboat. He traveled to many cities. In New Orleans, he watched white people buy and sell black people at the slave market. Abraham thought that was wrong.

A los diecinueve años, Abraham trabajó en un barco de río. Él viajó a muchas ciudades. En Nueva Orleans, él observó que la gente blanca compraba y vendía a la gente negra en el mercado de esclavos. Abraham pensaba que eso estaba mal.

When Abraham saw black people being sold as slaves, he thought
it was wrong.

Cuando Abraham vio que vendían personas negras como esclavos,
él pensó que eso estaba mal.

When Abraham was twenty-one, he worked in a store in Illinois. He was so honest that people called him Honest Abe. When people had problems, they asked him for advice. So Abraham decided to become a lawyer. He wanted to use the law to help people.

Cuando Abraham tenía veintiún años, él trabajó en una tienda en Illinois. Él era tan honesto que la gente lo llamaba el Honesto Abe. Cuando la gente tenía problemas, ellos le pedían consejos a Abraham. Fue así que Abraham decidió ser abogado. Él deseaba usar las leyes para ayudar a la gente.

Abraham did not have a beard when he was a young man.
He grew a beard after a little girl wrote to him. She told him he
would look better with one.

Abraham no tenía barba cuando era joven. Él se dejó crecer la
barba después que una niña pequeña le escribió. Ella le dijo que
se vería mejor con barba.

3
Becoming a Lawyer

In 1834, Abraham Lincoln got elected to the Illinois General Assembly. He kept on studying law. In three years, he opened his own law office. He was elected to the U.S. House of Representatives in 1846.

Convertirse en abogado

En 1834, Abraham Lincoln fue elegido a la Asamblea General de Illinois. Él siguió estudiando leyes. En tres años, él abrió su propio bufete de abogados. En 1846, él fue elegido para formar parte de la Cámara de Representantes de los Estados Unidos.

In 1842, Abraham married Mary Todd. They had four children. They are shown here with their sons Tad, Robert, and Willie.

En 1842, Abraham se casó con Mary Todd. Ellos tuvieron cuatro hijos. Aquí se los ve con sus hijos Tad, Robert y Willie.

In 1858, Lincoln ran for the U.S. Senate against Stephen A. Douglas. Lincoln and Douglas argued about slavery. Lincoln was against slavery. Douglas was in favor of it. Lincoln lost that election. But in 1860, Lincoln ran against Douglas and was elected president of the United States.

En 1858, Lincoln se presentó como candidato al Senado de los Estados Unidos frente a Stephen A. Douglas. Lincoln y Douglas discutieron sobre la esclavitud. Lincoln estaba en contra de la esclavitud. Douglas estaba a favor. Lincoln perdió la elección. Pero en 1860, Lincoln se presentó como candidato a la presidencia frente a Douglas y Lincoln fue elegido presidente de los Estados Unidos.

Abraham Lincoln was the sixteenth president of the United States.

Abraham Lincoln fue el presidente número dieciséis de los Estados Unidos.

4

— President Abraham Lincoln —

People in the South were afraid that President Lincoln would free the slaves. So the southern states left the Union. Lincoln led the North in a war to keep the South. The Civil War made Lincoln sad, but slavery also made him sad. In 1862, Lincoln wrote an important paper that freed the slaves.

— Presidente Abraham Lincoln —

La gente del Sur temía que el Presidente Lincoln liberara a los esclavos. Entonces los estados del Sur dejaron la Unión. Lincoln lideró al Norte en una guerra para conservar el Sur. La Guerra Civil entristeció a Lincoln, pero la esclavitud también lo hacía sentir triste. En 1862, Lincoln escribió un documento importante que liberó a los esclavos.

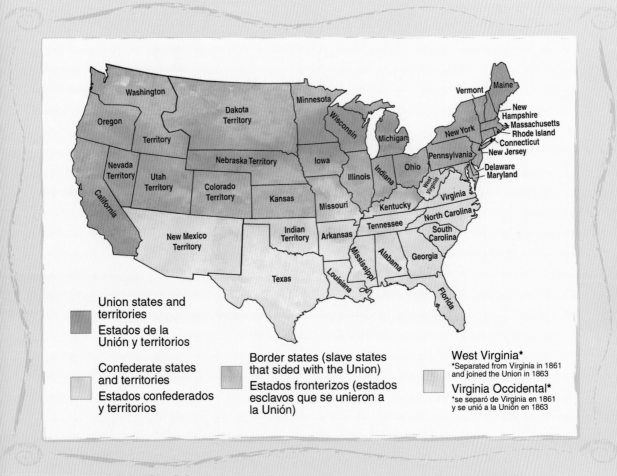

Map legend:

Union states and territories
Estados de la Unión y territorios

Confederate states and territories
Estados confederados y territorios

Border states (slave states that sided with the Union)
Estados fronterizos (estados esclavos que se unieron a la Unión)

West Virginia*
*Separated from Virginia in 1861 and joined the Union in 1863
Virginia Occidental*
*se separó de Virginia en 1861 y se unió a la Unión en 1863

This map shows the Northern states (the Union) and the Southern states (the Confederacy). These two sides fought the Civil War.

Este mapa muestra los estados del Norte (la Unión) y los estados del Sur (la Confederación). Ambos lados pelearon en la Guerra Civil.

The war ended on April 9, 1865. The Union was saved.

Five days later, President Lincoln and his wife went to see a play. As they watched, a man shot Lincoln in the head. The president died the next morning. A train carried the body of Abraham Lincoln, one of America's greatest presidents, back to Illinois.

La guerra terminó el 9 de abril de 1865. Se salvó la Unión.

Cinco días después, el Presidente Lincoln y su esposa fueron a ver una obra de teatro. Mientras miraban la obra, un hombre le disparó un tiro a Lincoln en la cabeza. El presidente murió a la mañana siguiente. Un tren llevó el cuerpo de Abraham Lincoln, uno de los presidentes más importantes de los Estados Unidos, de regreso a Illinois.

This statue of Lincoln is at the Lincoln Memorial in Washington, D.C. Abraham Lincoln is remembered as one of our greatest presidents.

Esta estatua de Lincoln está en el Monumento a Lincoln en Washington, D.C. Abraham Lincoln es recordado como uno de nuestros presidentes más importantes.

Timeline

1809—Abraham Lincoln is born in Kentucky on February 12.

1830—Abraham moves to Illinois.

1834—Abraham is elected to the Illinois General Assembly.

1842—Abraham marries Mary Todd.

1846—Abraham is elected to the U.S. House of Representatives.

1858—Abraham runs against Stephen A. Douglas for the U.S. Senate but loses.

1860—Lincoln is elected president of the United States.

1861—The Civil War begins.

1863—Lincoln frees the slaves.

1865—The Civil War ends.

1865—President Lincoln is shot on April 14; he dies the next day.

Línea del tiempo

1809—Abraham Lincoln nace en Kentucky el 12 de febrero.

1830—Abraham se muda a Illinois.

1834—Abraham es elegido a la Asamblea General de Illinois.

1842—Abraham se casa con Mary Todd.

1846—Abraham es elegido a la Cámara de Representantes de los Estados Unidos.

1858—Abraham se presenta como candidato para el Senado de los Estados Unidos frente a Stephen A. Douglas, pero pierde.

1860—Lincoln es elegido presidente de los Estados Unidos.

1861—La Guerra Civil comienza.

1863—Lincoln libera a los esclavos.

1865—La Guerra Civil termina.

1865—El 14 de abril, le disparan un tiro al Presidente Lincoln; él muere al día siguiente.

Learn More/Más para aprender

Books/Libros

In English/En inglés

Mara, Wil. *Abraham Lincoln*. New York: Children's Press, 2002.

Walker, Pamela. *Abraham Lincoln*. New York: Children's Press, 2001.

In Spanish/En español

Adler, David A. *Un libro ilustrado sobre Abraham Lincoln*. New York: Holiday House, 1992.

Internet Addresses/Direcciones de Internet

In English/En inglés

The History Place Presents Lincoln
<http://www.historyplace.com/lincoln/>

Abraham Lincoln for Primary Children
<http://www.siec.k12.in.us/~west/proj/lincoln/>

Index

Índice